in Paris

gezeichnet und erzählt von Hetty Krist

Herzlich Hetty Krist

Lychatz Verlag

Ich bin Pocco. Mein Frauchen fährt oft nach Paris, weil ihr Sohn Dominic da lebt, und ich darf immer mit.

Paris ist die Hauptstadt von Frankreich. Sie ist „mon amour" – meine Liebe. Deshalb sitze ich auch schon im Koffer, noch bevor er gepackt ist. Damit das Kätzchen Cosima nicht so traurig ist,

stellen wir ihr ein Köfferchen daneben. Sie darf aber leider nicht mit.
Ein Sprichwort sagt: „Wenn der liebe Gott sich langweilt, dann öffnet er das Fenster und betrachtet Paris".
Das gefällt mir.
Das Beste an Paris sind seine Hausecken und Abfallbeutel.
Auf die freue ich mich besonders.

Wir sind da: Bonjour, guten Tag, „Paris". Du siehst es gleich: Paris zeigt in und an seinen Häusern Kostbarkeiten ohne Ende. Und auf seinen Straßen hängen überall Abfallbeutel an Ständern, hellgrün und brusthoch. Vom Pizza-Karton über Cola-Dosen bis zum Papiertaschentuch ist alles sichtbar. Für mich ist der „Durcheinander-Geruch", der dabei entsteht, herrlich. Ich bin ein Pissi-Künstler und kann wunderbare Figuren machen. Mein erstes Pissi auf dem Pflaster ist mir

schon sehr gut gelungen. Mit wichtigen Pariser Leuten. Ist das nicht General de Gaulle, der Präsident, und gleich daneben Napoleon mit seinem Querhut? Ein bisschen eingequetscht könnte Picasso sein und längs nach unten vielleicht der Dichter Voltaire. Eindeutig ist mir Édith Piaf gelungen. Wegen ihrer besonderen Stimme wurde sie der Spatz von Paris genannt. Ist das eine große schöne Begrüßungspfütze geworden! Das liegt sicher an der langen Zugfahrt von Frankfurt nach Paris.

Das schönste Wahrzeichen von Paris ist die frühgothische Kathedrale „Notre Dame". Jeder kennt sie, weil sie keine spitzen Türme hat. Sie und der ganze Vorplatz bilden nicht nur das Zentrum von Paris, sondern auch von ganz Frankreich.

Der Bau der Kirche begann vor vielen hundert Jahren. Die Bauzeit dauerte zwei Jahrhunderte.
Hier fanden viele Kaiser- und Königs-Krönungen statt, sogar die von Napoleon.
In ihr finden tausende Menschen Platz.

Wenn man ganz oben steht und runter schaut, kann man sehen, daß Notre Dame auf einer Insel im Fluß steht. Der Fluß heißt Seine.

Für mich ist diese Kathedrale viel zu groß. Aber an der Ecke von Notre Dame mache ich mir eine kleine Kathedrale mit Laterne. Allerdings in mehreren Sitzungen.

Dieses Gebäude heißt „Moulin Rouge" und sieht aus wie eine verrückte rote Mühle, ohne je eine Mühle gewesen zu sein.
Es ist alt und weltbekannt.
Drinnen tanzen Damen nachts ganz wilde Tänze und nennen das Can-Can.

Dieser Tanzpalast liegt im Stadtviertel Montmartre.
Das heißt Leidensberg, weil hier im Mittelalter Verbrecher hingerichtet wurden.
Deshalb wollte niemand gern in diesem Stadtteil von Paris wohnen.

Und so kam es, daß sich wegen der billigen Mieten vor etwa hundert Jahren viele arme Dichter, Maler und Musiker angesiedelt haben. Bald gab es Restaurants, Cafés und für die Tänzer Tanzlokale.

Vor dem „Moulin Rouge" konnte man die Tänzerinnen schon auf Plakaten bewundern. Da bekomme ich auch Lust zu tanzen und schon steht da ein Ständer mit einem Beutel, an dem ich mir ein paar fröhliche Tanzfiguren formen kann.

Während ich noch dabei bin, mein eigenes Kunstwerk zu bewundern, kommt plötzlich meine alte Freundin Kiki um die Ecke.
Wir haben uns lange nicht gesehen. Was für eine Freude!

Nachdem wir uns erst mal wieder ausgiebig beschnuppert haben, hören wir Musik aus dem „Moulin Rouge" und machen ein flottes Hunde-Can-Can-Tänzchen.

Kiki und ich – was für ein schöner Spaß! Auch heute sitzen immer noch Maler auf dem Montmartre und malen.
Sie denken dabei vielleicht an Toulouse-Lautrec, den Lieblingsmaler meiner Mama, an van Gogh oder Picasso. Bestimmt haben die hier auf dem gleichen Kopfsteinpflaster gesessen und Bilder gemalt und sind später damit ganz berühmt geworden.
Und vielleicht haben sie hier auf dem alten Pflaster auch getanzt.

Wo ich auch bin, fast immer sieht man zwischen den Häusern von Paris ein Stück Eiffelturm.
Er ist das Wahrzeichen dieser Stadt.
Das Metallmonster auf vier Riesenfüßen ist himmelhoch.

Laßt mich erst einmal in Ruhe staunen.
Also, Gustav Eiffel hat diesen Koloß vor über 100 Jahren erbaut.
Wie ging das? Hatte man damals schon Kräne? Da muss ich mal Frauchen fragen.
Fahrstühle bringen uns nach oben.

      Ein Traumblick über Paris mit der Seine, dem mächtigen Fluß! Gottseidank gibt es viele alte Brücken, die eine Seite von Paris mit der anderen verbinden, sonst müßte man ja schwimmen.

Die älteste Brücke heißt ausgerechnet „Pont Neuf",
auf deutsch „Neue Brücke".
Sie ist wunderschön.
Auf der nächsten Seite ist sie zu sehen.

Da ich so überwältigt bin, kommt es nur so aus mir heraus: mein Pissi-Eiffelturm.
Ganz gut gelungen – nicht wahr?
Mit einer Künstlerin an meiner Seite habe ich natürlich ein gutes Kunstverständnis.
Mein Frauchen wartet geduldig und ich glaube, ich mache ihr eine Freude mit meinem Geschenk.
Und weil wir schon bei diesem Thema sind ... – oder soll ich sagen „Pfui"-Thema oder „unangenehmen" Thema?
Nein, unangenehm sage ich nicht.

Die Erwachsenen sind eher unangenehm und peinlich, weil sie über das Natürlichste der Welt so ungern sprechen.
Muß nicht jeder Mensch und jedes Tier Pipi und Anderes loswerden?
Haben wir nicht zwei Wundermaschinen in unserem Körper, die auf so unglaubliche Weise alles Wichtige, das unser Körper braucht, aus unserem Essen und Trinken rausholen und den Rest ausscheiden?
Also ein Hoch auf Pissi und Kaka. Ein Hoch auf meinen Eiffelturm.

Jetzt gehen wir erst einmal etwas trinken.
Mein Frauchen liebt den „Place des Vosges",
auf deutsch „Platz der Vogesen".
Er ist der älteste der großen Plätze in Paris
und wohl auch der schönste.
36 palastartige Häuser mit steilen
Schieferdächern und vielen Schornsteinen
umschließen den Platz. Hier hat auch der
Schriftsteller Victor Húgo gelebt.
Unter den Häusern laufen Arkaden entlang.
In diesen Rundbögen gibt es bunte
Geschäfte, Restaurants und Cafés.

In das Café Hugo gehen wir.
Das nette Bedienungsmädchen erlaubt mir, am Tisch Platz zu nehmen.
Brav setze ich mich auf den Stuhl.

Jetzt aber nimmt die Bedienung keine Notiz mehr von mir.
Da muß ich doch mal deutlicher werden.
Zuerst erstaunt, dann etwas energischer mit kurzem Knurren.
Endlich kommt jemand.

Mein Frauchen ist Malerin von Beruf. Kein Wunder, daß sie sich für Kunst interessiert. Ich übrigens auch. Natürlich geht man da in Paris als erstes in den „Louvre". Das ist ein Museum, der wichtigste Kunstpalast der ganzen Welt. Er hat eine Glaspyramide als Eingang – sehr chic. Hier könnte ich Tage verbringen. Natürlich ist das Museum für Hunde streng verboten. Das macht aber nichts, denn ich bin ja immer in meiner Tasche, nur die Augen schauen raus.

Und die geht niemanden etwas an.
Ich weiß ja auch nicht, was die anderen in ihren Taschen haben.
Im Louvre gibt es viele Abteilungen. In den Räumen der alten griechischen Kunst sind zwei Frauenfiguren: Nice und die Venus von Milo. Es sind die meist fotografierten Damenskulpturen von Paris.
Sehr schön anzusehen! Aber die Spitze ist:

… die „Mona Lisa" aus der Bilderabteilung. Sie zieht immer wieder meinen Blick auf sich. Wie die mich ansieht! Dabei schielt sie ein wenig.
Sie lächelt, hat aber keine Lachfältchen um die Augen. Nur der Mund zeigt das Lächeln durch zwei kleine dunkle Stellen, rechts und links der Lippen.
Mona Lisa hat es verdient, das berühmteste Bild der Welt zu sein. Auch, wenn es nicht so groß und nur mit Ölfarbe auf dünnem Holz gemalt ist. Nicht auf Leinwand!

Vor Jahrhunderten wurde Mona Lisa von dem göttlichen Maler Leonardo da Vinci aus Italien geschaffen. Der Maler hat das Bild zeitlebens für sich behalten. Warum?
Das ist sein Geheimnis.

Ich muß es einfach kopieren. Ihr wißt schon wie. Es ist kein Leonardo da Vinci geworden – aber vielleicht ein Picasso? Und wer weiß, vielleicht hänge ich mit meiner Kunst eines Tages auch im Museum. Mit einem Rahmen darum natürlich.

In den Straßen von Paris gibt es überall Eingänge zur Untergrundbahn, die man Metro nennt. Die Eingänge sind über 100 Jahre alt und oft mit schönen Verzierungen geschmückt, über denen das Wort „Metro" oder „Metropolitain" zu lesen ist.

Alles ist in einem Kunststil gestaltet, den man Jugendstil nennt. Treppen führen in die Tiefe. Sicher ist es da unten sehr spannend, mit all den neuen Gerüchen. Aber es ist auch furchtbar. Zuerst muß man durch eine Eisenstange, die sich

öffnet, wenn man ein Kärtchen durch einen Apparat schiebt. Dann kommen lange, enge Gänge: Menschen drängeln und schieben. Jeder hat es eilig. Ich muß in die Tasche, sonst werde ich totgetreten.

Die Hinweistafeln sind recht übersichtlich. Wir gehen einen kleinen Gang entlang, dann nochmals eine steile Treppe hinunter. Plötzlich stehen wir in einem riesigen Tunnel. In der Mitte laufen Gleise entlang.

Aus dem dunklen Rohr kommt unser Zug angedonnert. Er ist grün-weiß angestrichen und voll mit Menschen.
Sie schauen unzufrieden, müde und stumpf.

Niemand nimmt Notiz vom Anderen, außer von mir.
Wenn sie mich auf dem Schoß meines Frauchens in der Tasche sehen, geht für alle die Sonne auf.
Die Blicke werden warm und froh.

Mein Frauchen sagt: Immer, wenn die Leute mich entdecken, kommt ein Licht in die Metro.

Am Abend gehen wir in die Brasserie „La Coupole".
Das ist ein Lokal im Viertel Montparnasse.
Maler, Dichter und Musiker treffen sich in den Brasserien „Dôme", „Select" oder „Rotonde".

Am wichtigsten ist aber immer noch „La Coupole". Es ist groß und laut. Draußen ist ein üppiger Stand mit Meeresfrüchten. Drinnen sind schön bemalte Säulen, viele Fotos von Schauspielern und wunderschöne Lampen.

Manchmal sitzen hier sehr bekannte Leute. Viele Gäste suchen nach ihnen. Man hat keine Augen für mich. Ich aber habe gleich den großen orangegelben Abtreter an der Tür entdeckt. Auf ihm ist eine nackte Frau mit Pinseln, Palette und mit Büchern abgebildet. Sie ist das Logo dieser Brasserie, das auf kluge Gäste hindeutet.
Ich lege mich neben sie, strecke meine vier Pfoten in die Luft, drehe mich hin und her auf der rubbeligen Matte.
Ich glaube, die Dame lächelt mich an.

Paris hat, wie gesagt, viele Überraschungen. Vor dem „Centre Pompidou" liegt ein Platz, Piazza genannt. Feuerschlucker, Clowns und Zauberkünstler versammeln hier Trauben von Menschen um sich. Wenn ich aber gemütlich vorbei bummele, stoßen sich

die Leute an und interessieren sich nur für mich. Kinder fragen, ob sie mich streicheln dürfen. Nebenan ist ein ungewöhnlicher Brunnen. Große verrückte bunte Figuren drehen sich, rattern und sprühen Wasser. Er heißt Igor Strawinsky-Brunnen. Das ist ein weltbekannter Komponist. Figuren aus seinen Musikstücken ragen aus dem Wasser, wie der Feuervogel. Zwei Kinder haben sich auf den Rand gesetzt, um dem lustigen Treiben zuzusehen. Aber wen beobachten sie in Wirklichkeit? Na, wen wohl?

Nach einem langen Spaziergang im Jardin du Luxembourg setzen wir uns auf eine Pariser Doppelbank. Mein Frauchen setzt meine Tasche hinter sich. Sie streichelt mich nochmal, dann liest sie ein Buch. In meiner Tasche bin ich zufrieden. Ich esse ein Hundewürstchen. Plötzlich erinnere ich mich an eine Stelle, wo Menschen alleine zwischen Müll und Unrat leben. Man nennt sie Clochards. Mit ihnen lebt ein Hund. Ich muss ihm helfen.
Das war doch gar nicht weit von hier.

Ich nehme ein Hundewürstchen aus der Tasche, springe von der Bank, suche den Ausgang und finde die armselige Stelle. Wie wird der Hund sich freuen!

Da sitzt er: geduckt und ängstlich. Ich lege das Würstchen vor ihn hin. Zuerst blickt er ungläubig. Dann schnuppert er daran und frißt es gierig auf. Noch nie sah ich einen Hund so doll mit seinem Schwänzchen wackeln.

Nun aber schnell zurück. Vielleicht hat mein Frauchen gar nicht bemerkt, daß ich mal weg war. Glücklich komme ich wieder zu dem Eingang vom Jardin du Luxembourg. Ich schnüffle ein bisschen herum, suche die Bank mit meinem Frauchen.

Paris hat viele Grünanlagen. Jardin du Luxembourg ist mein Lieblingspark, weil es hier so viele schöne Sachen gibt. Ein altes Karussell. Ein Grand Bassin, in dem Kinder kleine Modellsegelboote ausleihen können.

Überall Metallstühle, auf denen Menschen Zeitung lesen oder in die Sonne blinzeln. Prachtvolle Blumengefäße. Es ist eine Freude – aber wo ist die Bank mit meinem Frauchen?
Wo? Ich schaue in alle Richtungen.
Ich laufe kreuz und quer durch den Park.
Ich suche verzweifelt.
Da kommt sie ja!
Sie nimmt mich in die Arme und wir beide sind froh, daß wir uns wiederhaben.

Etwas außerhalb der Stadt liegt der älteste Hundefriedhof der Welt. Er entstand 1867. Unendlich viele kleine und große Gräber für unendlich viele kleine und große verstorbene Hunde, manchmal auch Katzen und Meerschweinchen.

Wenn ein geliebtes Tierchen stirbt, gibt es einen Sarg oder eine Urne.
Wie bei den Menschen ist die Beerdigung, genauso traurig und feierlich.

Auf den Grabsteinen stehen die Namen der verstorbenen Tiere.
Darunter stehen Gedanken wie „Du warst unser Glück", „Immer in unserem Herzen" oder ganz einfach:
„Hier ruht unser Liebling".

Ich setze mich zwischen zwei Grabsteine und mache mir Gedanken,
was sie irgendwann wohl über mich schreiben werden.

Das ist mein Paris,
das ich Euch zeigen wollte.
Mit den verwinkelten Gäßchen, den breiten Boulevards, den Brasserien, Cafés, Laternen, vielen Schornsteinen, herrlichen Gebäuden, Museen, Gärten, der Metro und den Bücherständen. Vor allem aber mit den besonderen Gerüchen von Paris.
Au revoir, Paris. Auf Wiedersehen.
Der Vorhang fällt.

Danksagung und Widmung

Mein Dank gilt in erster Linie meinem Sohn Dominic,
der die Idee zu diesem Buch hatte.

Dank an Michael Gass, dessen Textkorrekturen
sehr hilfreich waren. Dank auch an Julia Spatz.

Peter Grün sei für seine vielfältigen Fotoarbeiten gedankt.
Sie fanden bei den Druckvorgaben Verwendung.

Auch dem Lychatz Verlag danke ich wegen der
besonders guten Zusammenarbeit.

Der wichtigste Dank gebührt Pocco, denn ohne
diesen kleinen, munteren und originellen Gefährten
wäre dieses Buch nie zustande gekommen.

Den Hundetierchen mit all ihren Geheimnissen
soll dieses Buch gewidmet sein.

Für meine kleine Enkelin Sophie.

Die Deutsche Bibliothek - CIP-Einheitsaufnahme
Hetty Krist
»Pocco Pissi in Paris«
Lychatz Verlag, Leipzig 2014
ISBN 978-3-942929-85-1
© 2014, Lychatz Verlag
Alle Rechte vorbehalten.
Satz: winterwork, Borsdorf
Ausstattung und Herstellung: Lychatz Verlag
Druck und Bindung: winterwork, Borsdorf
www.lychatz.com